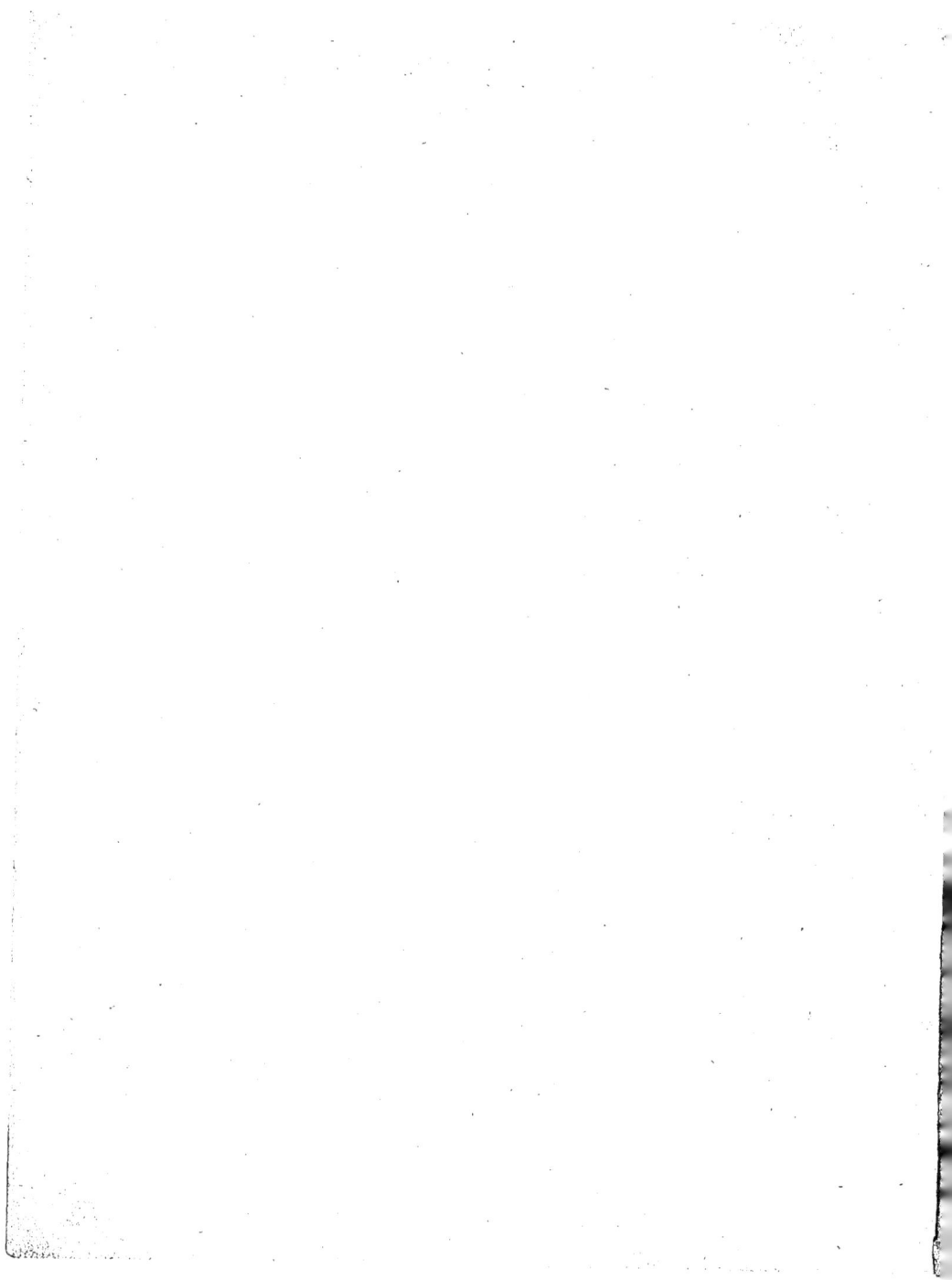

COMMISSION DES FINANCES TUNISIENNES

CONVERSION EN RENTE 6 %

DE LA

DETTE GÉNÉRALE PUBLIQUE TUNISIENNE

COMPRENANT

LES OBLIGATIONS ÉMISES EN 1863 ET EN 1865

En vertu des divers décrets dont il va être ci-après question, les personnes dont les noms suivent ont été investies régulièrement, au nom des intéressés et de S. A. le Bey, du titre de membres de la Commission des finances tunisiennes, et ont accepté cette mission.

MEMBRES DE LA COMMISSION

MM.

H. LEFEBVRE-DURUFLÉ, grand officier de la Légion d'honneur, Sénateur, ancien Ministre des Travaux publics, de l'Agriculture et du Commerce.

Le Vicomte de GRANDVAL, officier de la Légion d'honneur, ancien officier d'état-major, Administrateur du chemin de fer de Lille à Béthune.

Achille JUBINAL, officier de la Légion d'honneur, député au Corps législatif.

Le Vicomte de CRÉSOLLES, commandeur de l'ordre du Nicham *(spécialement désigné par S. A. le Bey).*

Le Marquis de CARBONNIÈRES, commandeur de l'ordre d'Isabelle la Catholique, Président du Comité des Obligataires, propriétaire.

Le Docteur RUFFIÉ, de la Faculté de Paris, membre du Comité des Obligataires.

TALLOIS, propriétaire, membre du Comité des Obligataires.

EXPOSÉ

DES

MOTIFS DE LA CONVERSION

Le sept janvier 1868, convaincu qu'il est de toute justice pour un Souverain d'accorder aux divers créanciers de son Gouvernement une part égale des garanties qu'il peut leur offrir et une part proportionnelle dans la répartition de ses revenus, S. A. le Bey de Tunis a décrété :

1° L'unification de toutes les dettes contractées par son Gouvernement jusqu'à ce jour;

2° L'ouverture d'un Grand-livre de la Dette publique tunisienne, en rente 6 °/₀ consolidée;

3° La nomination d'une *Commission des finances tunisiennes,* chargée de surveiller l'exécution de toutes les mesures financières prises en vertu des deux actes précédents;

4° La conversion des *Obligations 1863 et 1865* en rentes inscrites au Grand-livre, sous la surveillance directe de *la Commission.*

5° Le paiement des coupons échus de ces Obligations, avec intérêt à partir du jour de l'échéance desdits coupons, et la liquidation des Obligations sorties lors des derniers tirages;

6° La fondation d'une *Banque nationale* chargée du service des

1868

intérêts de la rente consolidée; de soustraire désormais le Gouvernement aux exigences qu'il a dû subir jusqu'à ce jour; et de développer enfin d'une façon sérieuse l'Industrie et le Commerce du Royaume.

L'ensemble de ces mesures est facile à apprécier pour toute personne animée de sentiments équitables et du véritable esprit des affaires.

En effet, les créanciers les plus exigeants peuvent-ils demander autre chose à leur débiteur que d'être tous placés par lui sur le même rang, et de participer, proportionnellement au chiffre de leur créance, à la répartition de ressources plus que suffisantes pour les satisfaire?

La diversité des dettes contractées par Son Altesse le Bey de Tunis, dans des conditions d'inexpérience du crédit moderne, d'autant plus excusables de sa part, qu'elles lui ont coûté plus cher et qu'il les a plus franchement avouées, était un obstacle insurmontable à l'accomplissement de ses engagements envers ses créanciers les plus nombreux, et une cause de ruine pour ses États, par conséquent une diminution rapide de la valeur des garanties déjà stipulées, mais qu'il n'hésite pas aujourd'hui à soumettre au contrôle d'une *Commission financière* composée d'intéressés directs à la prospérité du Royaume.

L'unification et la création du Grand-livre de la Dette publique étaient l'unique remède au mal. Grâce à cette double mesure, un budget fixe peut être enfin dressé; le service des intérêts de la Dette opéré d'une façon régulière; le développement du Commerce et de l'Industrie poursuivi par les ministres de S. A. le Bey, sans qu'il puisse être entravé de nouveau par des exigences, dont on veut bien oublier le taux, mais dont le résultat, jusqu'à ce jour, avait été de jeter à la fois le découragement dans l'esprit du débiteur et le doute dans l'esprit des créanciers légitimes.

L'unification de la Dette nationale de leur pays a toujours été, du reste, le but des grands ministres. En même temps qu'elle assure aux créanciers la régularité de leurs revenus, elle est une cause d'économie, d'ordre et de fortune pour une Nation. Le baron Louis, M. de Villèle, M. A. Fould lui-même, ont toujours été dominés par la même pensée d'unification; et c'est à sa réalisation que la France doit son crédit actuel?

Le décret qui crée le Grand-livre institue, en même temps, une *Commission*, dont la mission sera de veiller désormais à ce que le produit des garanties stipulées soit uniquement et rigoureusement appliqué au service des intérêts de la Dette.

L'ensemble de ces mesures ne pouvait être complet sans la fondation d'une *Banque nationale* sur les bases des Banques d'État dont l'existence est une garantie de richesse et de stabilité. S. A. le Bey l'a compris ainsi. De plus, en concédant le privilége de cette Banque, il a voulu que les porteurs de la rente 6 °/₀ consolidée fussent appelés à participer aux bénéfices du nouvel établissement, et que le quart des actions à souscrire leur fût réservé, de façon à ce que les pertes que leur a fait subir le retard du paiement des coupons soient largement compensées.

La Banque nationale de Tunisie est dotée, entre autres avantages, du droit d'émettre un nombre de billets de Banque égal au triple de son capital augmenté de son encaisse métallique, avec cours légal dans le Royaume; elle deviendra l'intermédiaire des opérations du Gouvernement, moyennant une commission modeste, mais suffisante encore pour assurer des gains importants à ses actionnaires.

Il est vrai que S. A. le Bey a réduit à trente francs, d'accord avec les banquiers, et du consentement du Comité des obligataires, le chiffre de rente qui sera servi chaque année à tout porteur d'une Obligation de 1863 ou de 1865, échangée contre un premier titre détaché du Grand-livre et un second titre donnant droit à une part proportionnelle dans le partage des bénéfices de la *Banque*; mais la perception des revenus du Royaume et le service des intérêts des nouveaux titres sont contrôlés désormais par la *Commission* qui publiera à époques fixes un état de la situation financière du pays.

De plus, la participation des porteurs de la nouvelle rente aux bénéfices de la *Banque* compense et au delà la réduction de cinq francs que subissent les obligataires.

Il faut aussi remarquer que la Conversion est accompagnée du paiement des coupons échus, qui eût été retardé encore sans l'application des diverses mesures arrêtées, et de la liquidation des Obligations sorties aux derniers tirages ; qu'enfin, par un décret spécial, S. A. le Bey conserve aux porteurs de rente 6 °/₀ les garanties particulières stipulées en faveur des obligataires ; et qu'il y ajoute la totalité de ses revenus.

Les marchés financiers de l'Angleterre, de la Hollande, et de l'Allemagne vont être ouverts, comme le nôtre, aux nouveaux titres, en même temps que les Obligations actuelles cesseront d'être cotées à la Bourse de Paris, le service des intérêts ne devant plus naturellement en être opéré en France.

Les concessionnaires de la *Banque* ont compris qu'un pays aussi éprouvé que le Royaume de Tunis par trois années sans récoltes et plus encore par les exigences prolongées de la spéculation, ne serait pas immédiatement à même de rétablir l'équilibre dans ses divers services. Ils ont, en conséquence, pris des mesures pour que les intérêts de la nouvelle dette soient, **dès le mois de juillet prochain,** payés à leur caisse, jusqu'à ce que le Gouvernement tunisien ait pu régulariser la perception des immenses ressources qui ont permis à l'honorable Consul général de France à Tunis, d'affirmer aux représentants des obligataires que *le revenu du Royaume peut facilement être doublé;* et que *quelques années de récoltes suivies permettraient au Gouvernement tunisien de procéder à l'amortissement complet de sa dette par voie de rachat.*

Or, les intéressés remarqueront que le tirage au sort est aujourd'hui avantageusement remplacé par un amortissement dont le service est assuré par la surveillance d'une Commission ; que cet amortissement sera le gage de la hausse rapide et persistante du taux des titres; et que le revenu, jusqu'ici douteux, est désormais assuré.

Les membres de la *Commission* croient que tous les intéressés n'hésiteront pas un instant à comprendre le sentiment qui les a poussés à accepter une part active dans une œuvre d'apaisement et de justice dont les conséquences seront de sauvegarder les intérêts de tous.

Du reste, les intéressés, en lisant les divers décrets et documents aufhentiques qui suivent, seront complétement édifiés sur les garanties et sur le mérite de la Conversion qui va s'effectuer, dans la forme ci-après indiquée, sous la surveillance et le contrôle de *la Commission des finances tunisiennes.*

CONDITIONS DE LA CONVERSION

—⁓—

Du 20 février au 20 avril prochain, la Conversion des Obligations Tunisiennes 1863 et 1865 s'effectuera tous les jours, excepté les jours fériés, **de dix heures du matin à quatre heures du soir :**

1º Aux guichets de la **BANQUE DE CRÉDIT INTERNATIONAL**, 49, rue Le Peletier, à Paris ;

2º Aux guichets de la **BANQUE FRANCO-ITALIENNE**, 1, rue Feydeau, à Paris ;

3º **En Province** et **à l'Étranger**, chez les correspondants de ces Banques.

Après les formalités d'usage, il sera remis au dépositaire de chaque Obligation 1863 et 1865 :

1º **A.** En espèces, le tiers des Coupons échus ;

    B. Un bon de Caisse à **trois mois de date** pour le second tiers ;

    C. Un bon de Caisse à **six mois de date** pour le dernier tiers ;

    D. Un bon de Caisse à **quatre mois de date** du montant des intérêts de ces Coupons, aux termes de l'article 3 du décret de Conversion.

2º Un titre de **trente francs de rente 6 %, consolidé** ;

3º Un titre donnant droit à une **participation** proportionnelle dans **15 %, des bénéfices** de la Banque nationale ;

4º Un titre donnant droit, de préférence, à la **répartition** proportionnelle dans la souscription du quart des actions de ladite **Banque.**

Les porteurs des Obligations, sorties au tirage du premier juillet **dernier,** recevront un titre de la dette publique tunisienne rapportant **quarante-deux francs** d'intérêts en rente 6 %, ainsi que les deux titres de participation et de répartition 3º et 4º.

————

N. B. — Les Banques désignées ci-dessus, voulant faciliter l'opération, se réservent d'escompter aux porteurs qui en feront la demande, et au taux de 5 % l'an, le bon de Caisse du second tiers des Coupons échus, ainsi que celui à quatre mois de date du montant des intérêts.

UNIFICATION DES DETTES DU ROYAUME DE TUNIS

DÉCRET

ORDONNANT LA CRÉATION DU GRAND-LIVRE DE LA DETTE PUBLIQUE
DU ROYAUME DE TUNIS

De la part de l'esclave devant son Dieu en qui il a toute confiance et à qui il confie le soin de ses destinées, le Mouchir Mohamed Essadek Bacha Bey, possesseur du Royaume de Tunis, à tous présents et à venir, salut!

Nous avons ordonné à notre Ministre des Finances d'inscrire les dettes de l'État dans un livre *ad hoc* et d'y faire toutes les inscriptions nouvelles que les circonstances exigeront, en se conformant pour le tout aux prescriptions des articles ci-après:

ARTICLE PREMIER.

Il est créé un Grand-livre de la Dette tunisienne qui prend la dénomination de Dette publique du Royaume de Tunis. La Dette publique porte un intérêt annuel de 6 %, garanti par tous les revenus du Royaume et par les garanties spéciales qui seront déterminées par le décret relatif à chaque emprunt.

L'administration du Grand-livre est confiée à un fonctionnaire de l'État qui portera le titre de Directeur de la Dette publique du Royaume de Tunis.

ART. 2.

Toute inscription d'une dette au Grand-livre doit être ordonnée par un décret spécial qui sera publié dans la forme et les usages du pays.

ART. 3.

Les titres de la Dette publique du Royaume sont représentés par sept catégories de coupures nominales de 100 francs, de 200 francs, de 400 francs, de 500 francs, de 1,000 francs, de 2,000 francs et de 5,000 francs.

Ces titres jouissent d'intérêts annuels à raison de 6 % l'an, soit:

Pour les coupures de	100 francs,	6 francs.
—	200	—	12 —
—	400	—	24 —
—	500	—	30 —
—	1,000	—	60 —
—	2,000	—	120 —
—	5,000	—	300 —

Chaque titre, avec son numéro d'ordre et la date de son émission, fait l'objet d'une inscription distincte au Grand-livre de la Dette publique.

Les titres, libellés en arabe, en français, en anglais ou en allemand, sont revêtus de la signature du Ministre des Finances, de celle du Directeur de la Dette publique et de celle d'un contrôleur délégué par la Commission des finances.

Art. 4.

Le paiement des intérêts des titres à raison de 6 °/₀ l'an, ainsi qu'il est dit à l'art. 3, s'effectuera par semestre, savoir: le 15 janvier et le 15 juillet de chaque année, tant à Tunis que dans les principales villes de l'Europe désignées par le Ministre des Finances.

Les coupons d'intérêts seront payés exclusivement en piastres tunisiennes, au change du jour, dans le Royaume ; en livres sterling à Londres ; en francs à Paris, à Amsterdam et à Francfort. Le franc français servira toujours de type et de base pour le paiement des intérêts. A cet effet, les fonds destinés au service des intérêts seront versés par les soins du Ministre des Finances, partout où il sera indiqué, aux dates d'échéance ci-dessus précitées, de façon à assurer le paiement des intérêts à ces dates.

Art. 5.

Chaque semestre, aux époques et dans la forme déterminées par le Ministre des Finances, le Directeur de la Dette publique devra faire apposer un timbre de libération sur les coupons payés. Cette opération s'effectuera en présence d'un membre ou d'un délégué de la Commission des finances dont il va être parlé ci-après.

Art. 6.

Les titres de la Dette publique, ainsi que les coupons d'intérêts, sont libellés d'après le modèle annexé au présent décret.

Art. 7.

Tous les titres de la Dette publique sont insaisissables, tant pour le montant nominal que pour les intérêts y attachés.

Art. 8.

Les titres sont toujours au porteur.

Art. 9.

Indépendamment des intérêts à raison de 6 °/₀ l'an, servis aux titres de la Dette publique, il sera pris chaque année, sur les revenus généraux du Royaume, une somme égale au moins à un pour cent du montant de la Dette inscrite, laquelle somme sera affectée à l'amortissement de la Dette publique, dans les formes prescrites par les articles spéciaux du présent décret.

Le Ministre des finances effectuera ce versement de un pour cent l'an du montant total de la Dette, savoir :

Demi pour cent le 15 janvier, et demi pour cent le 15 juillet de chaque année.

Le montant de ces versements sera, jusqu'au moment de son emploi, placé provisoirement dans une caisse de réserve par le Directeur de la Dette publique, conformément aux prescriptions de l'art. 11.

Art. 10.

Le Directeur de la Dette publique disposera des sommes versées, en exécution de l'article précédent, pour le rachat des titres de ladite dette sur tous les marchés où ces titres seront officiellement cotés. — Les titres rachetés seront revêtus du timbre d'amortissement.

Le Directeur de la Dette sera tenu de publier chaque année à Tunis le chiffre des titres qu'il aura ainsi amortis.

Art. 11.

L'Administration de la Caisse de réserve et d'amortissement appartient au Directeur de la Dette publique et fait l'objet d'une comptabilité spéciale et distincte pour chacune de ces deux branches.

La Caisse de réserve se compose :

1° Du solde résultant de la différence entre la somme destinée à l'amortissement et le prix réel du rachat, ainsi qu'il est stipulé à l'art. 10 ;

2° Du montant des coupons d'intérêts qui n'auront pas été présentés dans le terme de cinq ans à partir de leur échéance, suivant les dispositions spéciales de l'art. 11, et d'autres ressources imprévues.

Les fonds de la réserve sont placés en valeurs négociables, produisant au minimum 6 % l'an, par le Directeur de la Dette publique qui doit s'entendre préalablement avec le Ministre des Finances. — Le Ministre des Finances peut emprunter une partie des fonds de la réserve au taux de 5 % l'an, en fournissant des mandats à trois, six, neuf ou douze mois de date au maximum. — La limite du montant total des emprunts que le Ministre des Finances a la faculté de faire à la Caisse de réserve, est fixé ainsi qu'il suit :

Durant la première période de sept années à partir de la création de la Caisse de réserve, le montant des emprunts faits par le Ministre ne pourra excéder les cinq dixièmes de l'avoir total de ladite Caisse, déduction faite de la somme consacrée à l'extinction d'une partie des titres, conformément à l'art. 12 ;

Durant la deuxième période de sept années, les quatre dixièmes;

Durant la troisième période de sept années, les deux dixièmes.

La période de vingt-huit années écoulée, le montant des emprunts ne pourra excéder un dixième de l'avoir de la Caisse de réserve. — Les intérêts provenant de ces placements seront capitalisés.

Art. 12.

Chaque année, à partir de la création de la Caisse de réserve, le Ministre des Finances, sur l'autorisation du Bey, a la faculté de retenir un dixième de l'avoir total de ladite Caisse, pour être entièrement employé à l'extinction d'un certain nombre de titres. — Le rachat de ces titres et leur annulation au Grand-livre s'effectueront par les soins du Directeur de la Dette, suivant le mode prescrit par l'art. 10. — La Dette publique se trouvera ainsi diminuée d'un chiffre égal à celui des titres éteints, de façon que les sommes formant la masse destinée à l'amortissement, suivant l'art. 10, ne seront plus prélevées que sur le solde de la Dette. Les titres rachetés et éteints par le Ministre des Finances seront revêtus d'un timbre d'annulation.

Art. 13.

La Commission des finances est composée d'un Président résidant en Tunisie et nommé par S. A. le Bey, et de dix membres dont cinq résidant en Tunisie et cinq résidant en France.

Ceux résidant en Tunisie seront ainsi désignés, savoir : un par la Banque nationale de Tunis, et, en attendant son établissement, par le Gouvernement Tunisien ; les quatre autres par le Gouvernement Tunisien, dont deux parmi les hauts fonctionnaires, et deux parmi les notables négociants ou banquiers du Royaume de Tunis. Ceux résidant en France le seront ainsi : deux par le Comité français des porteurs d'Obligations Tunisiennes pour la première période de trois années et ensuite par le Gouvernement Tunisien; trois par les banquiers chargés du paiement des intérêts. Lesdits membres, d'accord avec le Gouvernement, ont pour mission d'inspecter, dans le mois compris entre le premier février et le premier mars de chaque année, les livres de l'Administration générale de l'amortissement et de la Caisse de réserve. Dans leur compte rendu doivent figurer les numéros, le prix et la date de l'amortissement des titres rachetés et annulés par le Ministre des finances, aux termes des art. 10 et 12, et de l'état détaillé de l'effectif en caisse et des valeurs composant le portefeuille du fonds de réserve.

La Commission des finances a en outre le droit d'examiner, quand elle le trouve bon et à toute époque de l'année, les livres de l'Administration générale de l'amortissement et de la Caisse de réserve, pour constater l'état de la caisse et du portefeuille.

Les membres de la Commission des finances sont nommés pour trois ans, à l'expiration desquels ils sont remplacés ou réélus.

En cas de décès ou de démission d'un ou de plusieurs membres de la Commission avant l'expiration de leur mandat, ils seront remplacés dans les formes indiquées plus haut.

Art. 14.

Le montant des coupons d'intérêts qui n'auront pas été présentés dans les neuf mois qui suivront la date de leur exigibilité sera placé à intérêts par le Directeur de la Dette, et les intérêts provenant de ce placement appartiendront à la caisse de réserve. A l'expiration de trois années, à compter de l'échéance de ce premier terme, c'est-à-dire trois années et neuf mois à partir de l'exigibilité du coupon, le

Directeur de la Dette fera insérer, à deux reprises différentes, les numéros des coupons non présentés dans les principaux journaux de Tunis, de Londres, de Paris, d'Amsterdam et de Francfort. Ces numéros seront publiés de nouveau, par la même voie, à la fin de la quatrième année qui suivra la première période de neuf mois, c'est-à-dire quatre ans et neuf mois après l'échéance des coupons. Si le paiement des coupons non présentés n'est pas réclamé dans le délai de trois mois à partir de la date de cette publication dernière, la prescription sera acquise.

En conséquence, l'inscription de ces coupons sera annulée sur le Grand-livre. Le montant en sera attribué définitivement à la Caisse de réserve.

Dans tous les cas, les intérêts qui proviendront du placement de ces coupons, opéré après l'échéance de la première période de neuf mois, et qui seraient réclamés avant l'expiration des cinq années, appartiendront de plein droit à la Caisse de réserve, de telle sorte qu'en cas de réclamation de coupons dans le délai de cinq années, le porteur ne puisse exiger que le remboursement du coupon ou des coupons échus.

Art. 15.

Lorsqu'il n'y aura plus de dettes inscrites au Grand-livre, et que le Gouvernement se sera libéré de tout engagement de ce chef, la Caisse de réserve, n'étant plus nécessaire pour la garantie de la Dette, fera retour définitif au trésor du Royaume de Tunis.

Pour la création à nouveau des titres déclarés par leurs porteurs comme étant égarés ou détruits, la Commission des finances sera seule compétente pour fixer les règles et décider les cas où il y aura lieu de procéder à cette création nouvelle.

Art. 16

Aucune inscription sur le Grand-livre de la Dette publique ne sera décrétée s'il n'est pas préalablement pourvu au service des intérêts et de l'amortissement de cette nouvelle inscription, au moyen de ressources équivalentes dans les revenus généraux du Royaume, et résultant, soit de l'augmentation des recettes, soit d'économies réalisées sur les dépenses, soit enfin d'excédant de recettes ou du produit des garanties affectées aux précédents emprunts.

Donné au Palais du Bardo, le 12 Ramadan 1284 de l'hégire *(6 janvier 1868)*.

Revêtu du sceau de S. A. le Bey.

DÉCRET

AFFECTANT DES GARANTIES SPÉCIALES AUX TITRES DE LA RENTE 6 $°/_°$ CONSOLIDÉE QUI SERONT DONNÉS EN ÉCHANGE DES OBLIGATIONS 1863 ET 1865.

LOUANGES A DIEU SEUL

De la part de l'esclave devant son Dieu en qui il a toute confiance et à qui il remet le soin de ses destinées, le Mouchir Mohamed-el-Sadeck-Bacha-Bey, possesseur du royaume de Tunis, que Dieu lui soit en aide et lui accorde l'accomplissement de ses souhaits en ce qui se rattache au bien de ses États ; à tous ceux qui prendront connaissance des présentes, nous leur faisons savoir que nous avons décrété ce qui suit et que nous en avons confié l'exécution à notre Ministre des finances.

ARTICLE PREMIER

Toutes les garanties données aux emprunts de 1863 et 1865 sont maintenues en faveur des bénéficiaires de la Conversion décrétée par nous en date du 10 du présent mois.

ART. 2.

La Commission financière, instituée par notre Décret de ce jour, concernant, la création du Grand-livre de la Dette publique, aura le contrôle et la surveillance de la rentrée mensuelle des revenus affectés au service de la rente. Cette rentrée devra avoir lieu dans les caisses de la Banque nationale de Tunis. De ce jour, et jusqu'à l'installation de la Banque, lesdits fonds seront versés entre les mains de la Maison ou de l'Institution qui sera désignée par la Commission financière, afin que par son intermédiaire ils soient expédiés à ceux de ses membres siégeant à Paris, et à ce que les fonds, nécessaires au service de cette rente, soient rendus en France avant le jour désigné pour le paiement.

ART. 3.

Notre Gouvernement s'engage à faciliter à tout moment et en toute circonstance la perception des revenus désignés au premier article du présent Décret, par tous les moyens en son pouvoir.

ART. 4.

Aussitôt que la Conversion de la Dette intérieure en Titres de rente décrétée par nous, à la date du 10 courant, aura eu lieu, un Décret sera rendu pour désigner les garanties affectées au service des intérêts de toute la Dette en général.

Donné à notre Palais du Bardo, le 12 Ramadan 1284 (6 janvier 1868).

POUR COPIE CONFORME A L'ORIGINAL :

Le Secrétaire général du Ministère des Finances,

Signé : **MOHAMMED EL TAIEB BOU SENA.**

CONTRE-SIGNÉ PAR LE MINISTRE DES FINANCES,

Signé : **MOHAMMED EL AZIZ BOU ATTOUR.**

EXTRAITS DU DÉCRET

ORDONNANT LA CONVERSION DES OBLIGATIONS TUNISIENNES DES EMPRUNTS
DE 1863 ET DE 1865

LOUANGES A DIEU,

De la part de l'esclave devant son Dieu en qui il a toute confiance et à qui il confie le soin de ses destinées, le Mouchir Mohamed Essadeck Bacha Bey, possesseur du Royaume de Tunis,

Nous avons ordonné la Conversion de la totalité des Obligations émises par notre Gouvernement jusqu'à ce jour. Cette Conversion s'effectuera aux conditions et dans les formes prescrites par les articles suivants de notre présent décret :

ARTICLE PREMIER.

En échange d'une Obligation de celles émises en 1863 ou 1865, il sera délivré un titre de la Dette publique rapportant *trente francs* d'intérêts en rente 6 °/₀.

ART. 2.

Le coupon échu en Juillet 1868 et celui qui va échoir en Janvier 1868 sur les Obligations émises en 1865, et le coupon échu en Novembre 1867 sur les Obligations émises en 1863, seront payés, ainsi que leurs intérêts respectifs du jour de l'échéance au 1er Janvier 1868, à raison de 5°/₀, comme suit :

Un tiers comptant en espèces ; un tiers en un bon de caisse à trois mois ; et un tiers en un bon de caisse à six mois. Ces bons de caisse à trois et à six mois porteront intérêt à 5 °/₀ l'an. Le payement en espèces et la remise des bons de caisse seront faits aux porteurs de titres au moment où ils opéreront la conversion en rente tunisienne 6 °/₀.

ART. 3,

Les porteurs d'Obligations émises en 1863 recevront, pour les intérêts liquidés en Janvier, un bon de caisse de 5 francs 83 centimes à quatre mois de date, payable par les Banquiers chargés de la Conversion. Ce bon de caisse de 5 francs 83 centimes par Obligation portera aussi intérêt à 5 °/₀ l'an.

ART. 4,

Les porteurs d'Obligations 1865 sorties au tirage du 1er juillet dernier recevront un titre de la Dette publique rapportant 42 francs d'intérêts en rente 6 °/₀.

ART. 5.

Ne seront admises aux bénéfices de la présente loi que les Obligations qui se présenteront à la Conversion dans le délai de deux mois, à partir de l'époque à laquelle s'effectuera la Conversion prescrite par le présent décret. Un délai de cinq mois est accordé aux porteurs qui résident hors de France et de la Tunisie.

Art. 8.

La Commission des finances, instituée par le décret ordonnant la création du Grand-livre de la Dette publique, est chargée de la surveillance et de l'exécution des présentes.

Fait au Palais du Bardo, le 10 Ramadan 1284 de l'hégire *(4 janvier 1868).*

Revêtu du sceau de S. A. le Bey.

EXTRAITS DU DÉCRET

QUI INSTITUE LA BANQUE NATIONALE TUNISIENNE

LOUANGES A DIEU,

Convention entre le Gouvernement de S. A. le Mouchir Mohamed Essadek Bacha Bey, possesseur du Royaume de Tunis et les concessionnaires de la BANQUE NATIONALE TUNISIENNE.

ARTICLE PREMIER.

Les Concessionnaires comparants, et les personnes et établissements financiers qu'ils désigneront ultérieurement et dont ils déclarent se porter forts, sont autorisés à fonder à Tunis une Banque qui prendra la dénomination de BANQUE NATIONALE DE TUNISIE. Cet établissement s'occupera des opérations dont la nature sera spécifiée par les Statuts approuvés par le Gouvernement tunisien. Son siége principal sera établi à Tunis. Il pourra fonder autant d'agences et de succursales qu'il le jugera convenable en Tunisie. Il aura également un siége administratif à Paris ou à Londres.

ART. 2.

Cette Banque est constituée au capital primitif et nominal de dix millions de francs représentés par vingt mille actions de cinq cents francs chacune. Ce capital pourra successivement être augmenté par séries, dont la quantité sera déterminée par l'administration de ladite Banque, jusqu'au capital nominal de cinquante millions de francs, sans aucune autre autorisation du Gouvernement. Les actions, après leur entière libération, seront au porteur ; elles donneront droit à un intérêt annuel de 8 °/₀, et à un dividende proportionnel aux bénéfices.

ART. 3.

Le Gouvernement tunisien s'interdit formellement toute faculté de concéder à qui que ce soit un privilége de même nature, c'est-à-dire la création d'une Banque semblable, ou pouvant porter atteinte directement ou indirectement aux prérogatives et aux intérêts de la Banque qui, seule, aura le droit d'étendre ses opérations dans tout le Royaume et d'augmenter son capital social lorsqu'elle le croira opportun.

ART. 4.

En reconnaissance du privilége qui leur est accordé, et dont la durée est fixée à cinquante années, les concessionnaires soussignés consentent à prêter au Gouvernement tunisien, les sommes nécessaires au paiement futur des coupons de la dette extérieure..........

ART. 6.

Aucune saisie, arrêt ni opposition ne pourra, dans aucun cas, être mise à la

Banque sur les intérêts des actions ou sur la part des bénéfices constituant les dividendes. Les paiements des intérêts auront lieu au 15 janvier de chaque année et la distribution des dividendes le 15 juillet sur la présentation des titres.

Art. 7,

La Banque pourra émettre un nombre de billets égal au triple de son capital social augmenté de son encaisse métallique; les billets auront cours légal dans le Royaume. Toutefois, la Banque est tenue d'opérer tous les jours, excepté les dimanches et jours fériés légalement, le remboursement des billets qui lui seront présentés, sans aucune retenue. Le remboursement se fera, à la volonté du payeur en francs ou en piastres au cours du jour.

Art. 8.

Les billets seront en arabe et en français; ils seront revêtus tous de la signature du Gouverneur, de celle d'un membre du Conseil d'Administration et de celle du Caissier principal de la Banque. Le Gouvernement s'interdit toute autre émission de papier monnaie ainsi que la faculté de créer des billets semblables à ceux dont il est question dans l'article précédent.

Art. 9.

Les opérations de la Banque, déterminées par les Statuts, seront exemptes de toute espèce de taxe ou de patente. Aucun impôt de quelque nature ou de quelque forme que ce soit ne sera payé par les meubles ou immeubles destinés à l'Administration spéciale de la Banque.

Art. 10.

La Banque dressera, tous les ans, la situation de son actif et de son passif; cette situation sera vérifiée et contre-signée par un Commissaire désigné *ad hoc* par le Gouvernement tunisien et publiée dans le journal officiel de Tunis.

Art. 11.

Le Gouvernement concédera gratuitement à la Banque un local convenable, dans un quartier central, et les terrains nécessaires à l'établissement de docks et de magasins ainsi que le nombre de gardes et de janissaires qu'on pourra lui demander pour assurer la plus complète sécurité du siége de la Banque et de ses dépendances. Le Gouvernement s'engage également à lui prêter aide et protection toutes les fois qu'il en sera prié.

Art. 12.

Le Gouvernement tunisien exercera son contrôle sur la Banque au moyen d'un Commissaire aux frais de la Banque. Ce commissaire, sans s'ingérer dans l'administration de l'établissement, se bornera à surveiller l'émission et le retrait des billets de Banque et la fidèle exécution des Statuts.

Art. 13.

En cas de divergence d'opinion ou de contestation, soit entre le Gouvernement tunisien et la Banque, soit entre les parties soussignées, le différend sera jugé à

Tunis par quatre arbitres, dont deux choisis par la Banque et deux par le Gouvernement, qui s'en adjoindraient un cinquième nommé par les quatre autres si les voix étaient partagées. La décision arbitrale sera rendue en dernier ressort; elle engagera les parties, qui s'interdisent formellement toutes espèces de litige ou de procès de quelque nature que ce soit, tout recours en justice ou devant toute autre juridiction en vigueur en Tunisie ou à l'étranger.

Le présent contrat, comprenant les quatorze articles ci-dessus, est fait en double expédition pour un seul et même effet, au Palais du Bardo, le douze Ramadan 1284 de l'hégire, correspondant au six janvier mil huit cent soixante-huit, ère chrétienne.

(SUIVENT LES SIGNATURES.)

EXTRAITS DES STATUTS

DE LA

BANQUE NATIONALE DE TUNISIE

INSTITUTION DE LA BANQUE — SON SIÉGE — SA DURÉE

ARTICLE PREMIER.

Il est institué à Tunis, par un décret de Son Altesse le Bey, en date du douze Ramadan 1284 (6 janvier 1868), entre lui et les propriétaires des actions créées ci-après, une Banque qui prendra la dénomination de *Banque nationale de Tunisie.*

ART. 2.

Le Gouvernement tunisien s'interdit formellement toute faculté de concéder à qui que ce soit un privilége semblable ou pouvant porter atteinte directement ou indirectement aux prérogatives et aux intérêts de la Banque, qui aura seule le droit d'étendre ses opérations dans tout le Royaume.

ART. 3.

Le siége de la Banque sera à Tunis. La Banque établira des succursales sur tous les points du Royaume où elle le jugera convenable, et pourra aussi avoir, si le Conseil d'administration le croit utile, une succursale à Paris ou à Londres, où se réunirait alors la partie du Conseil résidant hors de la Tunisie.

CAPITAL

ART. 5.

Le capital de la Banque, sera primitivement de dix millions de francs, représentés par vingt mille actions de cinq cents francs chacune.

La Banque aura le droit d'élever son capital par série de cinq millions de francs jusqu'au chiffre de cinquante millions de francs, et ce, sur une délibération de l'assemblée générale de ses actionnaires et sans avoir besoin d'en référer en aucune façon au Gouvernement tunisien.

ART. 6.

Les Titres d'actions seront au porteur après leur libération complète; ils seront extraits d'un livre à souche, numérotés et revêtus de la signature de deux Membres du Conseil d'administration; ils porteront le timbre de la Banque et se transmettront par simple tradition.

ART. 7.

Chaque action donne droit à une part dans la propriété de l'actif social et au partage des bénéfices proportionnel au nombre des actions émises.

Les actionnaires ne sont responsables que jusqu'à concurrence du montant de leurs actions. Les droits et obligations suivent le titre dans quelques mains qu'il passe.

Art. 8.

Toute action est indivisible ; la possession d'une action emporte de plein droit adhésion aux Statuts de la Banque et aux décisions des assemblées générales.

Les actionnaires doivent, pour l'exercice de leurs droits, s'en rapporter aux inventaires sociaux et aux délibérations des assemblées générales.

ÉMISSION DES BILLETS DE LA BANQUE

Art. 11.

La Banque pourra émettre un nombre de billets égal au triple de son capital social émis, augmenté de son encaisse métallique, étant diminuées les actions d'apports. Ces billets auront cours légal dans le Royaume et seront reçus pour leur valeur intégrale dans toutes les transactions et dans les caisses publiques, toutefois la Banque sera tenue d'opérer, sans aucune retenue, tous les jours, excepté les dimanches et les jours fériés, le remboursement des billets qui lui seront présentés. Le remboursement se fera, à la volonté du payeur, en francs ou en piastres au cours du jour.

Les billets perdus ou détruits ne seront remboursés que sur cautionnement de leur valeur intégrale, déposé pendant un délai d'une année.

Le remboursement des billets de Banque ne pourra être exigé qu'au lieu de leur émission, néanmoins les succursales pourront user d'un délai de dix jours pour rembourser en espèces les billets de la Banque.

Art. 12.

Les billets seront en arabe et en français ; ils seront revêtus tous de la signature du Gouverneur de la Banque, de celle de l'un des membres du Conseil d'administration et de celle du Caissier principal.

OPÉRATIONS DE LA BANQUE

Art. 13.

La Banque fera des avances et des prêts, suivant règlement du Conseil d'administration, sur bons du Trésor, titres de rentes d'État, actions et obligations ; ainsi que sur lingots d'or et d'argent, jusqu'à concurrence des 3/4 de leur valeur vénale d'après leur titre.

Elle sera libre d'élever ou d'abaisser le taux du prêt suivant les circonstances.

Au bout de quatre mois, les Titres, et au bout de douze mois, les lingots non retirés pourront être vendus aux risques et périls des emprunteurs ; l'excédant, s'il en existe sur le produit net de la vente de l'objet vendu, sera remboursé au déposant. S'il ne réclame pas cet excédant après un an et un jour, il appartiendra de droit à la Banque.

La Banque fera aussi des avances et des prêts sur marchandises à sa convenance, à la condition que la valeur déposée soit facilement réalisable et représente toujours au moins un tiers en sus de la somme prêtée.

Elle escomptera, dans la proportion qui sera déterminée par le Conseil d'administration, les bons du Trésor, les lettres de change, valeurs et effets de commerce régulièrement timbrés, à des échéances déterminées qui ne pourront excéder cent vingt jours, et souscrits par des commerçants ou autres personnes notoirement solvables. Ces effets devront, au préalable, porter comme garantie l'endos de deux personnes, indépendamment de la signature de l'accepteur et du tireur ou de celle du souscripteur.

Elle sera libre de fixer le taux de son escompte qui sera toujours rendu public; elle se chargera des recouvrements pour compte des gouvernements, des particuliers ou établissements publics, moyennant une commission déterminée entre eux.

Elle se chargera également de vente ou achat de titres, etc., valeurs pour comptes de tiers; elle tiendra une caisse des dépôts volontaires pour valeurs de toute nature. — Elle pourra avoir des docks et entrepôts pour les marchandises qu'elle recevra en dépôt ou en garantie de ses avances.

Elle émettra facultativement des warrants sur les marchandises déposées, suivant le système le plus favorable à ses intérêts.

Elle aura la faculté d'ouvrir une caisse de placement et d'épargne dans laquelle toutes sommes au-dessous de cinquante francs seront reçues, avec un intérêt qui ne dépassera pas six pour cent.

La Banque délivrera des livrets aux déposants.

Art. 14.

La Banque ne peut, dans aucun cas, ni sous aucun prétexte, faire d'autres opérations que celles permises par les statuts, ni se livrer pour son compte à aucune opération de commerce ou de bourse.

La Banque ne pourra exécuter, pour le compte de tiers, des ordres de commerce ou de bourse qu'après provision et expressément au comptant, sans qu'en aucun cas elle puisse encourir de responsabilité.

ADMINISTRATION

Art. 15.

La Banque sera administrée par un Gouverneur, un Vice-Gouverneur, un Conseil d'administration composé de douze membres au moins et de quinze au plus, dont la moitié plus un devra résider en Tunisie, et de deux censeurs, tous pris parmi les actionnaires.

Art. 16.

Le Gouverneur et le Vice-Gouverneur seront nommés pour un temps indéterminé, sur la présentation du Conseil d'administration, par le Gouvernement tunisien. Leur révocation ne pourra avoir lieu que pour infraction grave aux Statuts, ou pour acte de mauvaise gestion de nature à compromettre l'existence de la Banque.

La révocation ne peut être prononcée que par le Conseil d'administration et à la majorité des deux tiers des voix, après avis du Commissaire du Gouvernement et après explications du Gouverneur ou du Vice-Gouverneur.

Art. 18.

Le Gouverneur doit, dans la huitaine de sa nomination, déposer dans la Caisse sociale deux cents actions qui devront rester inaliénables pendant toute la durée de ses fonctions.

Le Vice-Gouverneur devra en déposer cent cinquante; chaque membre du Conseil d'administration et chaque censeur, cent chacun; le secrétaire du Conseil, cinquante.

Art. 25.

Les censeurs sont chargés de veiller à la stricte exécution des Statuts; ils peuvent examiner les livres, la caisse et le portefeuille toutes les fois qu'ils le jugent convenable. En cas de dissolution, leurs fonctions continuent pendant la liquidation; ils peuvent provoquer la réunion de l'assemblée générale extraordinairement, mais seulement d'accord avec le Commissaire du Gouvernement.

INVENTAIRE — RÉPARTITION DES BÉNÉFICES

Art. 36.

Au 31 décembre de chaque année, un inventaire général de l'actif et du passif sera arrêté; cet inventaire sera vérifié et contresigné par le Commissaire du Gouvernement.

Il sera en outre affiché dans les bureaux de la Banque et publié dans le journal officiel de Tunis. Les comptes seront soumis à l'Assemblée générale qui les approuvera ou les rejettera, et fixera le dividende après avoir entendu le rapport des censeurs.

Art. 37.

Les produits nets, déduction faite de toutes charges, constitueront les bénéfices. Sur ces bénéfices il sera prélevé annuellement:

1° 8 % du capital versé des Actions émises pour être distribué aux actionnaires à titre d'intérêt.

2° 10 % pour le fonds de réserve. Ce prélèvement cessera lorsque le fonds de réserve aura atteint le tiers du capital versé.

L'excédant des bénéfices sera réparti comme suit:

1° 15 °/₀ AUX PORTEURS DES TITRES DE LA RENTE TUNISIENNE 6 °/₀.

2° 15 °/₀ au Gouverneur, Vice-Gouverneur, Conseil d'administration et censeurs, dans les proportions qui seront déterminées par le Conseil.

3° 70 °/₀ aux actionnaires à titre de dividende.

Art. 38.

Tout dividende non réclamé pendant cinq ans sera prescrit au profit de la Banque.

Art 41.

A l'expiration du privilége, s'il n'est pas prorogé, ou en cas de dissolution anticipée pour quelque cause que ce soit, l'Assemblée générale convoquée à cet effet par le Conseil d'Administration nommera les liquidateurs chargés de procéder à la liquidation, sous l'autorité du Conseil et le contrôle des censeurs de la Banque.

Pendant la liquidation, le Conseil pourra, sans qu'il soit nécessaire d'en appeler à une assemblée *ad hoc*, céder et transporter les droits, actions et obligations de la Banque.

L'assemblée générale pourra seule approuver valablement les comptes de liquidation et en donner quittance.

PUBLICATIONS

Art 45.

Tous pouvoirs sont donnés au porteur d'une expédition ou d'un extrait des présents statuts pour les faire publier partout où besoin sera.

Fait et approuvé à Tunis, le 6 janvier 1868 (12 Ramadan 1284)

(Suivent les signatures.)